Før du læser denne bog, så tænk grundigt over dette spørgsmål:

Betyder disse to udtryk det samme?

1. Den døve pige

2. Pigen, der er døv

At være døv – hvad vil det sige?

Når nogen er døv eller hørehæmmet, betyder det, at deres ører ikke virker så godt. Ofte har de brug for at gå med høreapparater eller cochlear implantater til at hjælpe dem med at høre.

En pige som Ananya

Karen Hardwicke

Oversat fra engelsk af
Ann Woodall og Laila Trevor

Måske har du set en pige som
Ananya: i skolen, i en butik
eller i parken.

Hvis du ser godt efter,
lægger du måske mærke til,
at hun går med cochlear
implantat processorer, så
hun kan høre.

Hvis du kender en pige som Ananya, kan det være, hun siger til dig, at hun har brug for at se din mund, når du taler;

og at det er svært at høre
i støjfyldte rum som for
eksempel klasselokalet i
spisefrikvarteret;
og at det også er svært, hvis du
taler for langsomt eller
for hurtigt.

Hvis du kender en pige som Ananya, fortæller hun dig måske, at hun er nødt til at have sine cochlear implantat processorer på *hver* dag. Når hun tager dem af, kan hun overhovedet ingenting høre.

Prøv lige at tænke over det et øjeblik.
Kan du forestille dig slet ikke at kunne høre noget som helst?

Hvis der er en pige som Ananya i din klasse, har du måske undret dig over, hvorfor jeres lærer går med et apparat om halsen. Det hjælper Ananya med at høre lærerens stemme selv i et støjfyldt klasseværelse.

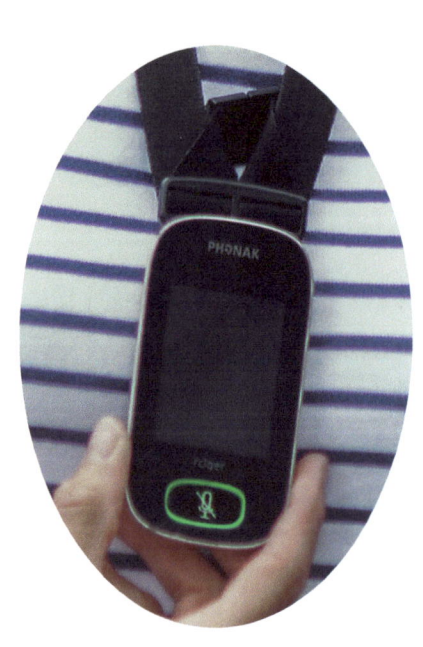

FM-systemet består som regel af to dele: **senderen**, som bæres af læreren og indeholder en mikrofon, og **modtageren**, som er forbundet med elevens høreapparat eller cochlear implantat for at opfange lyden fra senderen.

Nogle gange - bare en gang imellem - glemmer læreren at slukke for FM-systemet, og så kan Ananya høre hende på toilettet!

Men der er én ting, som du skal vide om Ananya ...

Ananya er døv, men det er ikke alt!

Ananya er en datter

og en søster.

Hun er en ven ...

og en skoleelev.

Ananya spiller netball

og på klaver.

Ananya kan godt lide Minecraft!

Ananya kan ikke lide at at stå tidligt op

.. eller at have mange lektier for!

Ananya er ikke sikker på, hvad hun tror på.

Men det ændrer sig måske, efterhånden som hun bliver ældre ...

Ananya vil studere videnskab!

Men det ændrer sig måske, efterhånden som hun bliver ældre ...

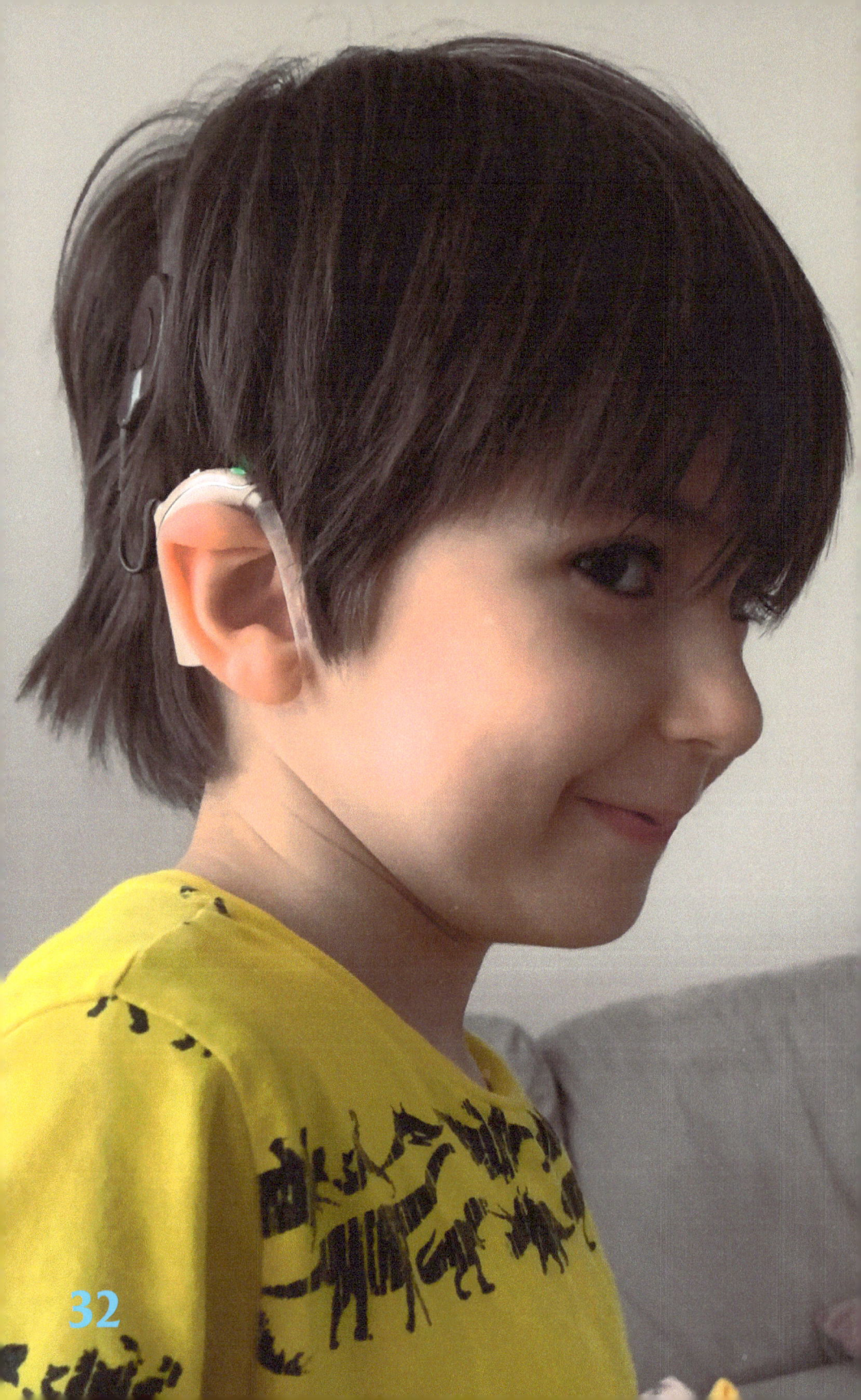

Måske har du set et barn som Ananya: i skolen, i en butik, i parken ...

Overvejelser om identitet – aktiviteter

Før du læste denne bog, tænkte du over følgende spørgsmål:

Betyder disse to udtryk det samme?

1. Den døve pige

2. Pigen, der er døv

Er Ananya døv, og det er alt?
Eller er der mange sider af hendes identitet?
Har du skiftet mening?

Hvem er jeg?

Tænk over din egen identitet.

Mange ting gør dig til den, du er.
Skriv dit navn, og tegn dig selv i midtercirklen, skriv
så 8 ting, som udgør en del af din identitet.
Nyttige tip: Er du venlig? Er du kærlig over for din
familie? Er du sporty, kreativ, sjov, alvorlig?

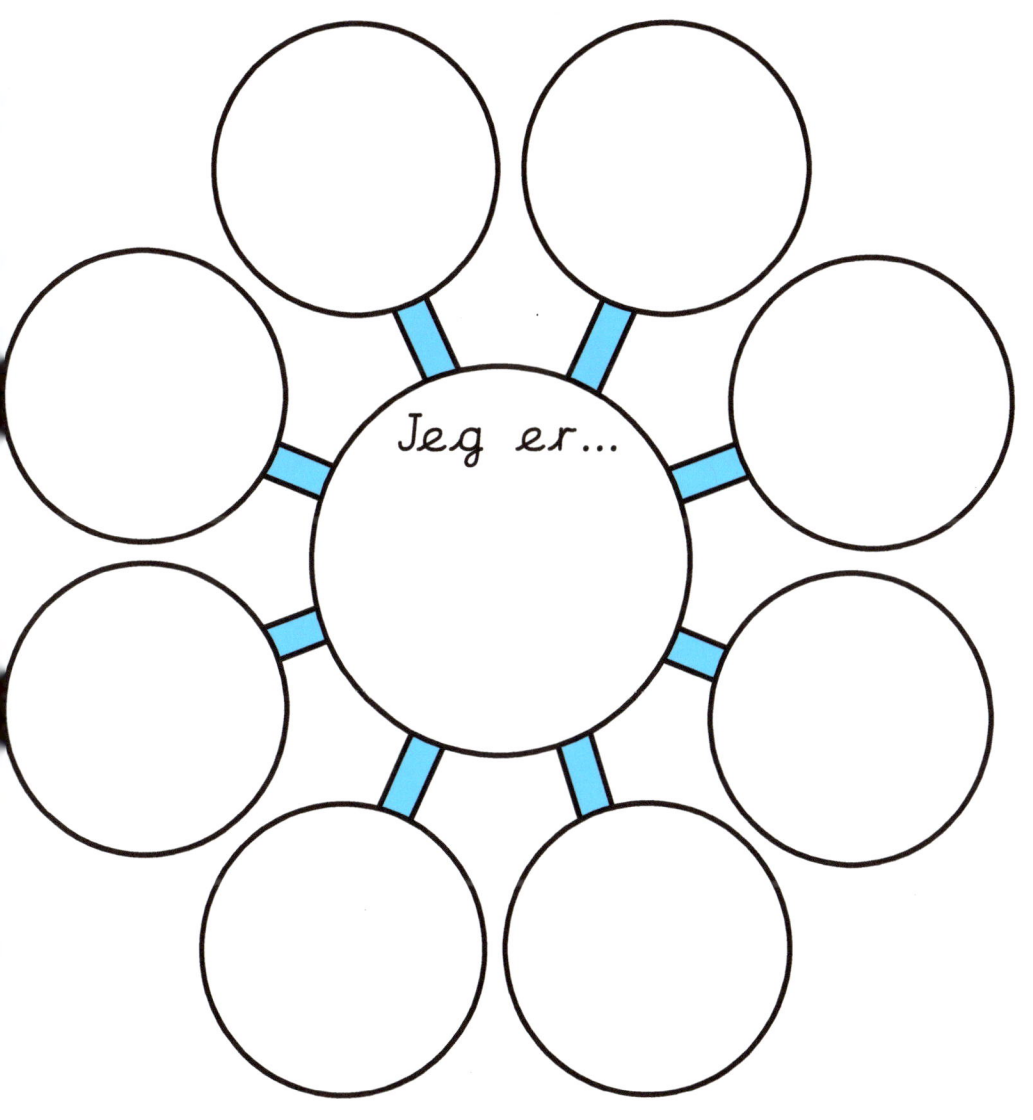

Denne bog er dedikeret til den
virkelige Ananya, en meget
bemærkelsesværdig pige,
som er døv,
og til Sue Brownson.

Om forfatteren

Karen Hardwicke er født i Nordengland. At være nordenglænder er i lige så høj grad en del af hendes identitet som det at være hustru, mor, døvelærer, forælder til et døvt barn, læser, forfatter og (lejlighedsvis) motionsløber.

Karen bor nu i hjertet af Berkshire, Storbritannien, med sin familie og to chokoladebrune labradorer.

"En pige som Ananya" er hendes første bog.

Om fotografen

Pranali Patil er kunstfotograf med nyfødte børn og familier som speciale. Hun bor i Berkshire, Storbritannien, med sin mand og søn. Gennem sine fotografier ynder Pranali at fange magien i hverdagssituationer og de kærlige familierelationer, som viser, hvor smukt livet er selv med sine op- og nedture. "En pige som Ananya" er hendes første bogopgave. Du kan læse mere om Pranalis arbejde på: www.pranalipatil.co.uk

EN PIGE SOM ANANYA
Published by Avid Language Ltd, 3 Cam Drive, Ely, CB6 2WH, UK
First published in English in 2021 as 'A Girl like Ananya'

ISBN
Paperback (Danish): 978-1-913968-67-0

Text copyright © Karen Hardwicke 2021
Photographs copyright © Pranali Patil 2021, except for the following:
Page 32 photograph © Pinar and Erol Sengul
Page 33 photograph top © Yasmin Fatima
Page 33 photograph bottom left © Private Contributor
Page 33 photograph bottom right © Ian and Tanya Saunders
Editing & Design by Tanya Saunders for AVID Language Ltd.
With special thanks to Ann Woodall and Laila Trevor for their wonderful wrok translating this book into Danish

All rights reserved.

This publication is neither owned nor endorsed by Minecraft and/or Mojang, Cochlear or Phonak.

Flere spændende bøger fra AVID Language...
avidlanguage.com/boeger-paa-dansk

 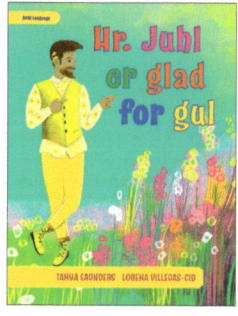 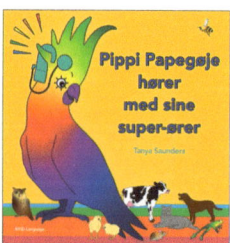

  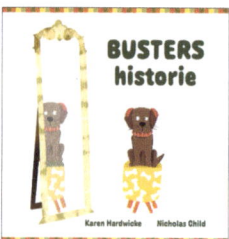